Baráyeh
<u>Sh</u>ahín va Heydar Alí
Mote<u>kh</u>asesíne e'<u>shgh</u>

Pronunciation Guide©

Persian	English	Pronunciation
أَ	a	**a**nt
آ	á	**a**rm
ب	b	**b**at
د	d	**d**og
اِ	e	**e**nd
ف	f	**f**un
گ	g	**g**o
ه	h	**h**at
ح	h	**h**at
ی	í	m**ee**t
ج	j	**j**et
ک	k	**k**ey
ل	l	**l**ove
م	m	**m**e
ن	n	**n**ap
أ	o	**o**n
پ	p	**p**at
ق	q/gh*	me**r**ci
ر	r	**r**un
س	s	**s**un
ص	s	**s**un
ث	s	**s**un

Persian	English	Pronunciation
ت	t	**t**op
ط	t	**t**op
و	ú	m**oo**n
و	v	**v**an
ی	y	**y**es
ذ	z	**z**oo
ز	z	**z**oo
ض	z	**z**oo
ظ	z	**z**oo
چ	ch	**ch**air
غ	gh*	me**r**ci
خ	kh*	ba**ch**
ش	sh	**sh**are
ژ	zh	plea**s**ure
ع	'	uh-oh†

* : guttural sound from back of throat
† : glottal stop, breathing pause
ّ : Indicates a double letter
ً : Indicates the letter n sound
لا : Indicates combination of letter l & á (lá)
ای : Indicates the long í sound (ee in m**ee**t)
اِی : Indicates the long í sound (ee in m**ee**t)
(...) : Indicates colloquial use

Letter Guide©

Englisi	Farsi		Englisi	Farsi		Englisi	Farsi
A a	اَ ةَ ةَ		M m	م ممم mím		Y y	ى يىى ye
Á á	آ ا ا 'alef		N n	ن ننن nún		Z z	ذ ذذ zál
B b	ب بىب Be		O o	اُ ةُ ةُ		Z z	ز زز ze
D d	د دد dál		P p	پ پىپ pe		Z z	ض ضضض zád
E e	اِ ةِ ةِ		Q q	ق قىق qáf		Z z	ظ ظظظ zá
F f	ف فىف fe		R r	ر رر re		**Ch** <u>ch</u>	چ چىچ che
G g	گ گگگ gáf		S s	س سسس sin		**Gh** <u>gh</u>	غ غغغ ghayn
H h	ه هىه he		S s	ص صصص sád		**Kh** <u>kh</u>	خ خخخ khe
H h	ح ححح he		S s	ث ثىث se		**Sh** <u>sh</u>	ش ششش shín
Í í	ى يىى ye		T t	ت تىت te		**Zh** <u>zh</u>	ژ ژژ zhe
J j	ج ججج jim		T t	ط ططط tá		,	ع عىع ayn
K k	ک ککک káf		Ú ú	و وو váv			
L l	ل للل lám		V v	و ووو váv			

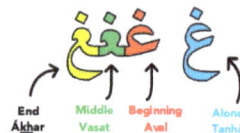

غ غغغ غغغ

End — Ákhar · Middle — Vasat · Beginning — Aval · Alone — Tanhá

The Persian A, B, D's
(because there is no C in Persian)

We want to simplify your Persian learning journey as it is such a unique & enigmatic language. There are 32 official Persian letters. The letters change form depending on their position in a word or when they appear separate from other letters. For example, the letter ghayn غ has four ways of being written depending on where it appears in any given word:

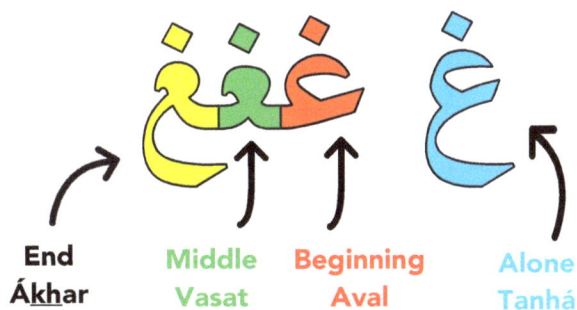

غفغـ ـغفـ غ

End	Middle	Beginning	Alone
Ákhar	Vasat	Aval	Tanhá

It is important to note that Persian books are read from right to left (←). There are 7 separate/stand-alone letters that do not connect in the same way to adjacent letters (these will not be depicted in red). They are:

Stand alone
Tanhá vámístan

ا د ذ ر ز ژ و

The short vowels a, e & o are usually omitted in literature and are depicted by markings above & below letters (‏ـُـَـ). They are not allocated a letter name, unlike their long vowel counterparts á: alef, í: ye & ú: váv (و ى آ).

A a

(short 'a')

أَسب

asb

horse

Á á

(long 'a')

{ 'alef }

آبی

ábí

blue

B b

{ be }

بوس

bús

kiss

D d

{ dál }

دوست

dúst

friend

E e

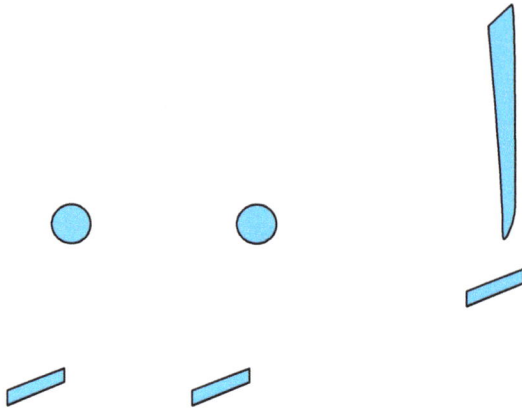

إِمروز

emrúz

today

F f

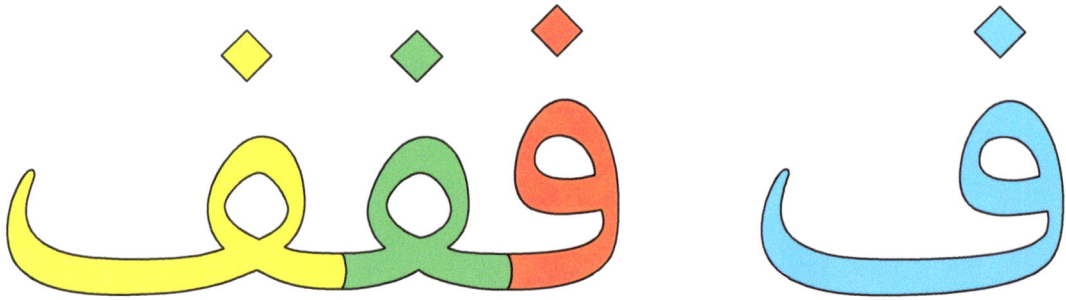

{ fe }

فيل

fíl

elephant

G g

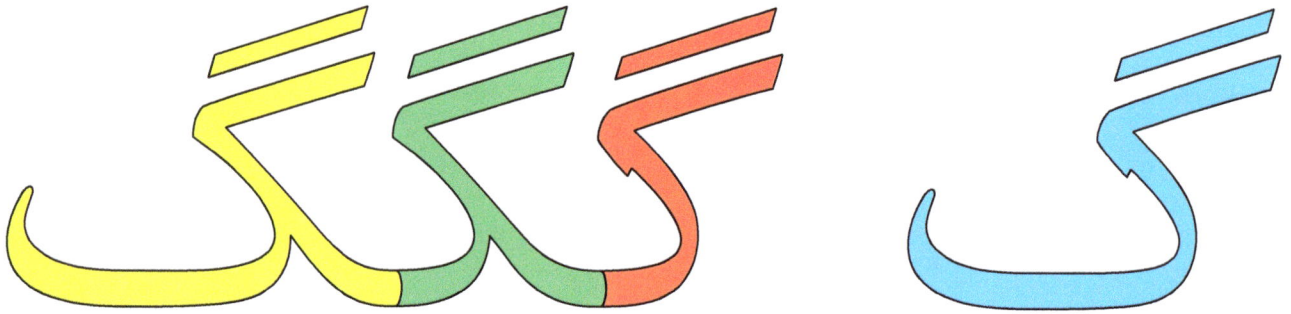

{ gáf }

گاو

gáv

cow

H h

{ he }

هَمکاری

hamkárí

cooperation

H h

{ he }

حَمَام

hamám

bath

Í í / Y y

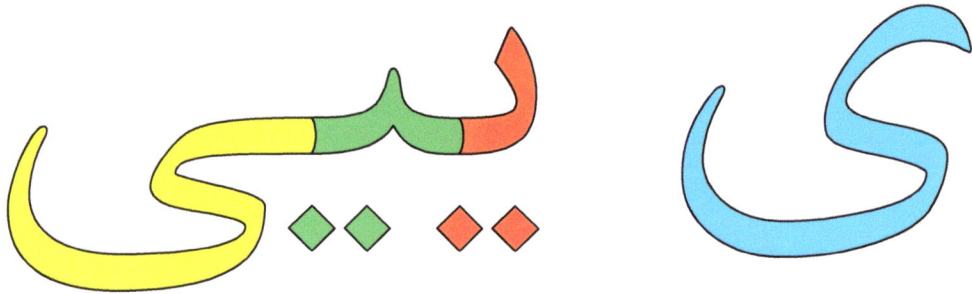

{ ye }

ایران

Írán

Iran

J j

ج ج ج ج ح

{ jim }

جوجه

jújeh

chick

K k

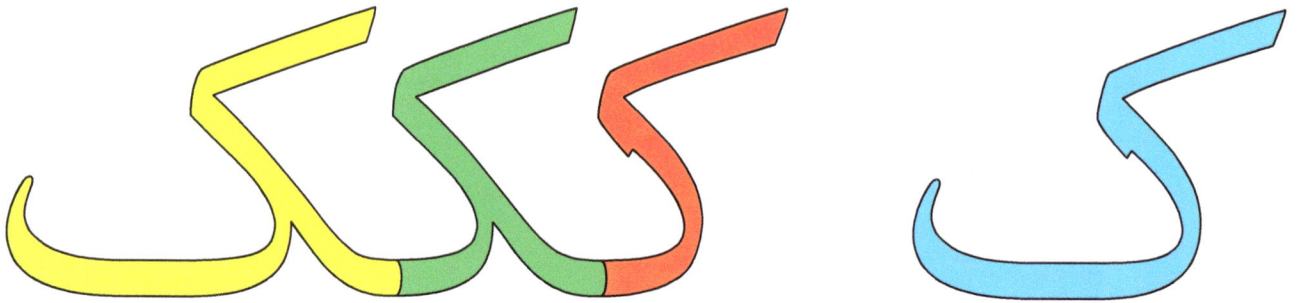

{ káf }

کُمَک

komak

help

L l

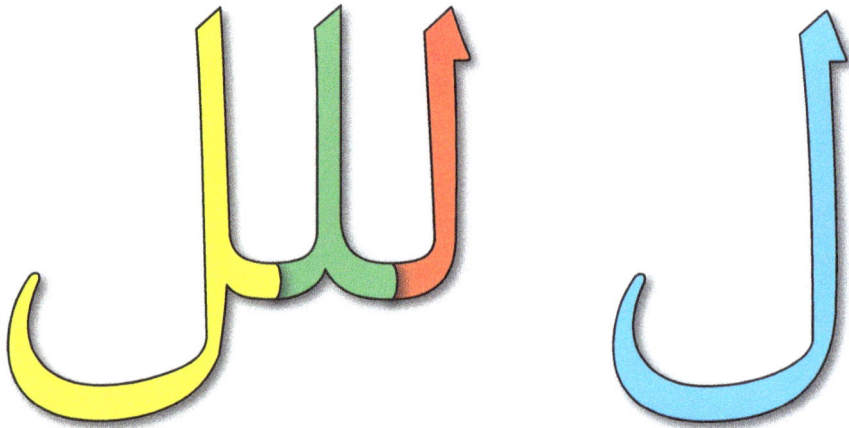

{ lám }

لاک پُشت

lák posht
___

turtle

M m

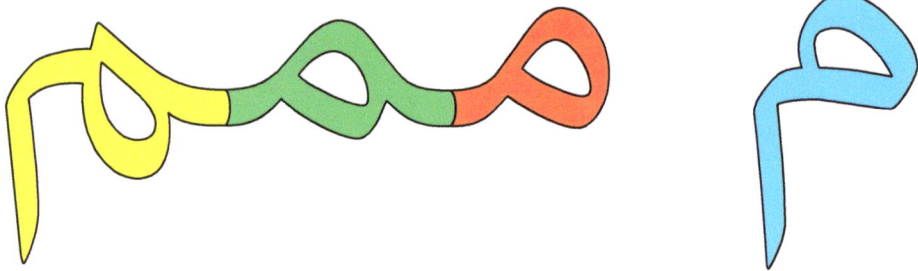

{ mím }

موش

músh
—
mouse

N n

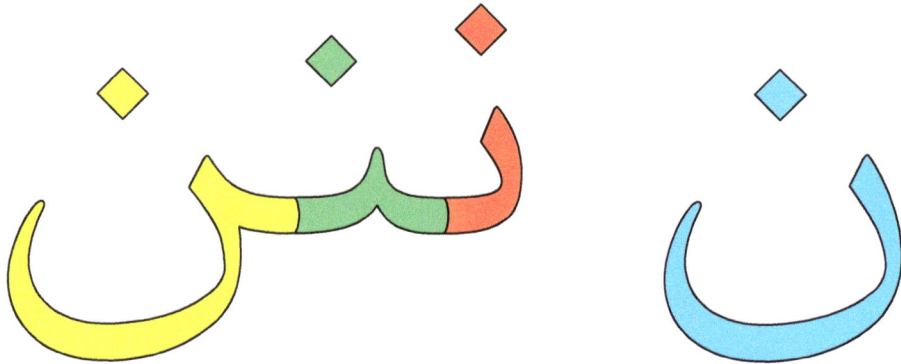

{ nún }

نِگاه

negáh

look

Oo

أُرْدَك

ordak

duck

P p

{ pe }

پِدَر

pedar

father

Q q

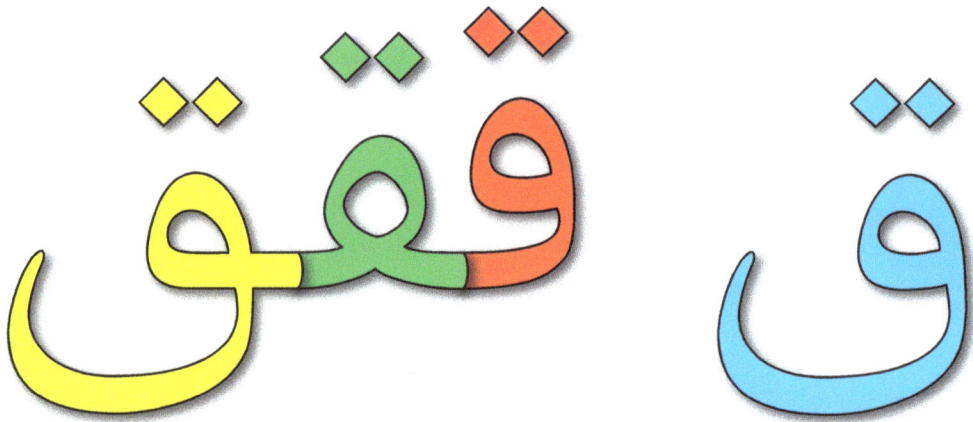

{ qáf }

قاشُق

q́ashoq

spoon

R r

{ re }

روباه

rúbáh

fox

S s

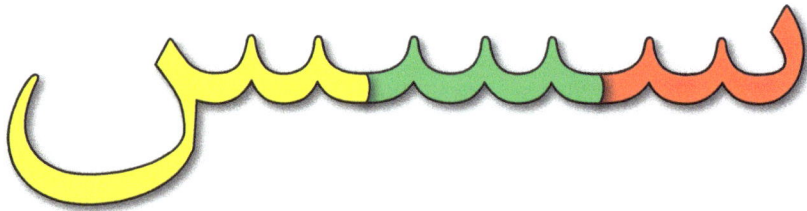 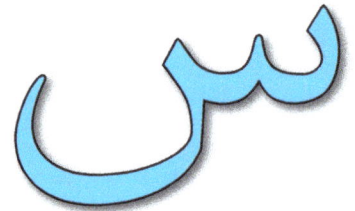

{ sin }

سیاه

síáh

black

S s

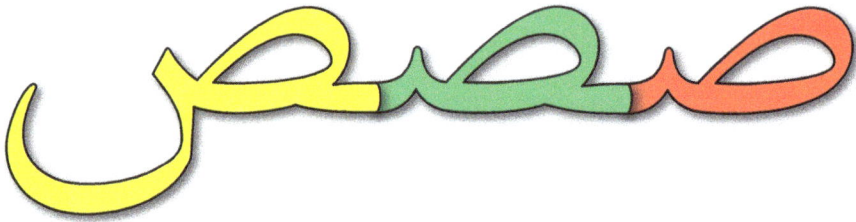 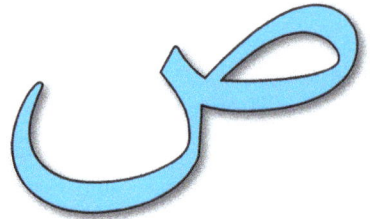

{ sád }

صابون

sábún

soap

S s

{ se }

مُثَلَّث

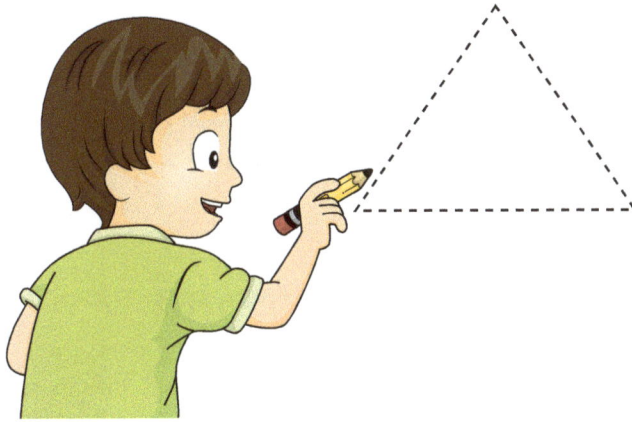

mosallas

triangle

T t

{ te }

تُوت

tút

mulberry

T t

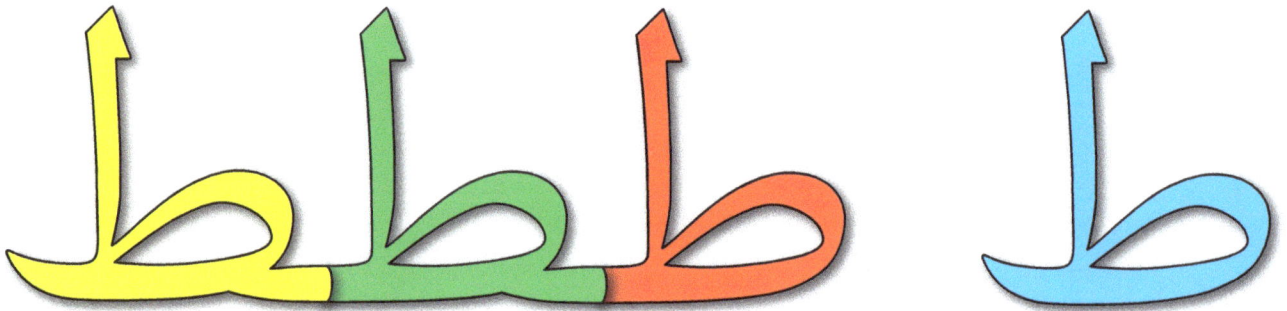

{ tá }

طاووس

távús

peacock

Ú ú / V v

{ váv }

توپ

túp

ball

V v / Ú ú

{ váv }

وانِت

vánet

ute

Y y / Í í

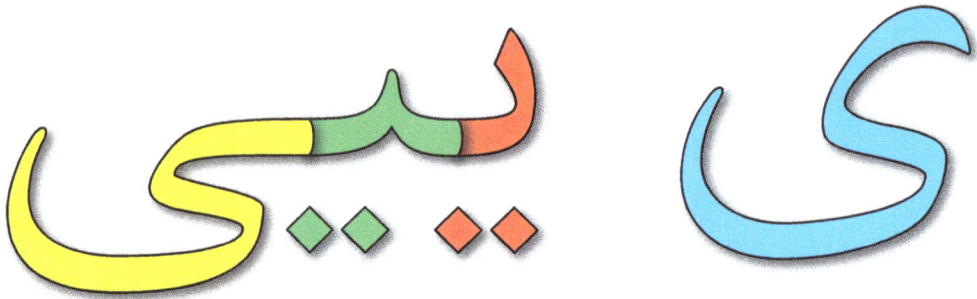

{ ye }

یک

۱

yek

one

Z z

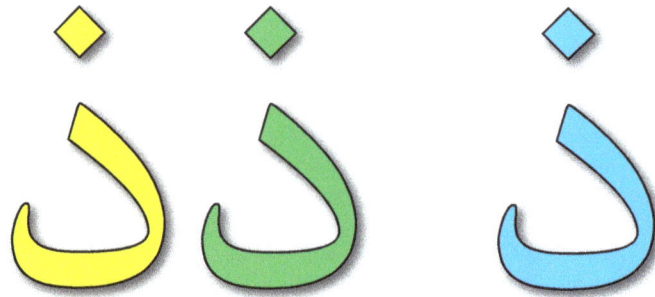

{ zál }

نُرَّت

zorrat

corn

Z z

{ ze }

زَرافِه

zaráfeh

giraffe

Z z

ض ضضض ض

{ zád }

ضِيافَت

zíáfat

feast

Z z

{ zá }

ظَرف

zarf

plate

ٔ

**Glottal Stop,
breathing pause**

عَعَ ع

{ ayn }

عَزِيز

a'zíz

dear/darling

Ch ch

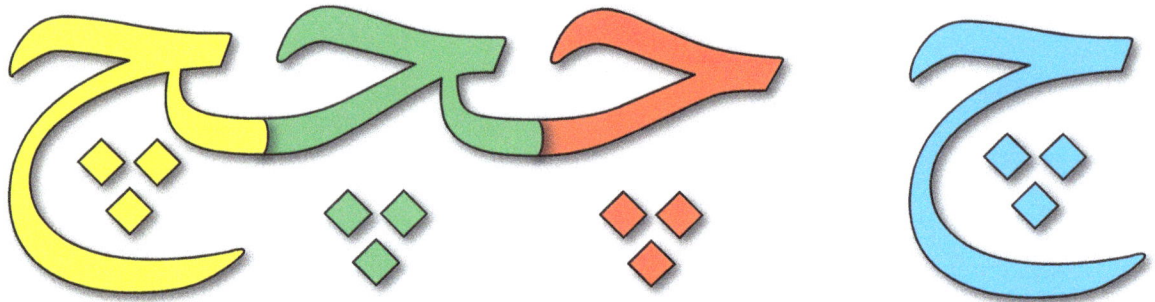

{ <u>che</u> }

چَنگال

changál

fork

Gh gh

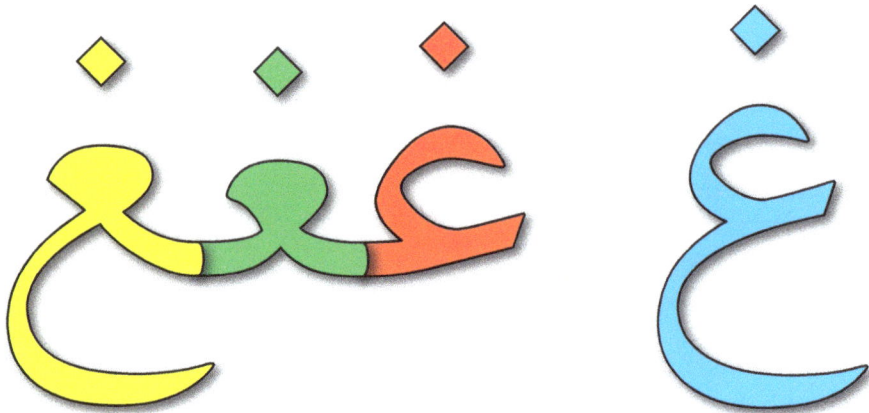

{ <u>gh</u>ayn }

غَذا

ghazá

food

Kh kh

خخخ خ

{ khe }

خَر

khar

donkey

Sh sh

{ shin }

شَتُر

shotor

camel

Zh zh

{ zhe }

ژاکَت

zhákat
jacket

www.ingramcontent.com/pod-product-compliance
Lightning Source LLC
Chambersburg PA
CBHW040245100426
42811CB00011B/1164